„Die Welt ist wirklich komisch,
aber der Witz ist die Menschheit."

H.P. Lovecraft

Leon Gutsche

Bis dass
das
Messer schweigt

Illustriert von
Ramona Boehme

Einige Gedanken zum Gesamtwerk

Der Maler hat die Möglichkeit, nur mit Hilfe eines Pinsels einen Moment zu erschaffen, welcher ewig bleibt.
Der Musiker ist in der Lage, mit wenigen Noten eine komplett neue Welt zu erschaffen.
Der Autor ist in der Lage, nur mit Hilfe eines Stiftes ein ganzes Universum zu erschaffen und dieses mit wenigen Worten auch wieder zu vernichten.
Wenn es ihm beliebt.

Die Schönheit und die Macht der Kunst durch Bilder und Musik ist allgegenwärtig, uns allen hoffentlich noch immer bekannt und bewusst.
Die allgegenwärtige Schönheit und der Klang des geschriebenen Wortes gerät in dieser hektischen und zeitorientierten Welt oftmals ins Vergessen.

Zu selten ist das Buch Medium erster Wahl. Zu oft ist es der Lärm des Alltages, der uns ständig beschallt und uns bis in das Heim verfolgt.
Ich denke, jeder kennt eine gewisse Art von Lärm, welcher ihm auch noch in der Freizeit am liebsten ist. Bewusst oder unbewusst.

Ich möchte den Lärm und die tausend kleinen täglichen Ablenkungen auch nicht grundlegend negativ werten, diese bringen schließlich auch positive Seiten mit sich. Zum Beispiel Hören von Musik, die Tiere in der Umgebung, die wichtigen Gespräche.

Ich möchte an dieser Stelle nur aufzeigen, dass jeder sich bewusst sein sollte, wie bewusst er sein Leben, den Tag und die Situation leben kann.
Somit kann die Möglichkeit gegeben werden, sich den kleinen Dingen aktiv zu widmen.

Dieses Buch besteht voll und ganz aus kleinen Dingen und Situationen, mit welchen sich auch jeder persönlich identifizieren kann, sofern er es zulässt, sich in diese Situationen aktiv hineinzuversetzen.
Sich die Zeit nimmt, und vor allem ...

... den Lärm für sich nutzt.

„Das Schöne am Schreiben ist.
Man ist in der Lage, ganze Welten zu erschaffen.
Man kann diese Welten pflegen und mit Allerlei beleben.
Wobei es bedeutend einfacher ist, diese Welten einfach zu vernichten."

Leon Gutsche

Das Wort - vor dem Wort

Zehn Jahre sind mittlerweile vergangen, seitdem ich meine ersten Worte, die ersten lyrischen Gehversuche auf Papier niederschrieb.
Zehn Jahre sind vergangen, seitdem ich diese durch Zufall hervorgekramt habe, diese las und mich in meinen persönlichen Gedanken und Situationen dieser Zeit wiederfinden konnte.
Zum Zeitpunkt der Veröffentlichung dieses Buches bin ich vierundzwanzig Jahre alt, ich war also vierzehn, als ich mit dem Schreiben begann und bereits ein Sammelsurium an Gedichten und Kurzgeschichten zur Verfügung hatte.
Durch die abstrusesten Schicksale gelang es mir auch, meine Worte in mehrere musikalische Projekte einfließen zu lassen und auf der Bühne vorzutragen. Genannt seien Turbo Moses und Niederwelt.

Eigentlich schon eine Erfüllung an sich. Doch leider vergaß ich meine alten Werke.

Wie es der Zufall möchte, stehen im Sommer 2022 alle Projekte für kurze Zeit still. Ich langweile mich, fühle mich kreativ nicht ausgelastet und finde bei dem Besuch meines Vaters einen Hefter voll mit Notizen.
Ich durchblättere die alten Manuskripte und erkenne, dass ich diese vor neun Jahren schrieb.
Die einzig logische Konsequenz für mich in diesem Moment war, die für mich besten Gedichte und Kurzgeschichten sowie ein Dutzend weitere, welche innerhalb dieses Jahres entstanden, in ein Gesamtwerk einfließen zu lassen und als Buch zu veröffentlichen.

Ich entschied mich dazu, alle Texte in drei Kapitel zu unterteilen, drei Abschnitte, welche sich gemeinsam jeweils einem Thema des eigenen Ichs und unseres

menschlichen Daseins widmen. Drei Abschnitte, welche eine gemeinsame oder lose Geschichte erzählen.
Wie es jeder für sich begreifen mag.
Nun, zehn Jahre später, nach neun Jahren des Vergessens und einem Jahr der Aufarbeitung, liegt es vor mir und vor dir, dem Leser.

„Der Zufall, das Glück oder das Schicksal findet seinen Zweck.
Treibt an, gibt Liebe oder Schmerz.
Bestimmt wie das ´drohlich Messer an der Kehle deinen Weg.
Ungewiss, ob Trauer oder Freude.
Bis dass das Messer schweigt ..."

Abschnitt I
-Das Ich-

Leben I

Wir haben nur ein Leben und füllen dies mit Dingen, welche uns bereits zu Lebzeiten sinnlos erscheinen.

Nacht

Ich blicke zur Uhr, deren Zeiger sich schon zum zweiten Mal am heutigen Tage der zwölf nähern möchten, die Lampen schon längst angestellt.
Zum Fenster zieht es mich abwartend, schauend in die Ferne, bis ich erkenne.
Es ist das Licht, das mich jede Nacht in die Dunkelheit hinauszieht.
Raus aus meinem sicheren Heim, raus aus der sicheren Obhut meiner Straße und des Tores.
Eine Eleganz, welche es am Tage nur zu erblicken gibt.
Der Schein einer schönen Natur, welche im Sonnenlicht zum Leben erwacht.
Ich gehe nun bereits täglich auf die Suche nach dem Ursprung dieses Lichtes, nicht wissend, was ich mir zu sehen erhoffe.
Und doch lenkt es meine ganze Aufmerksamkeit nur auf diesen Punkt.
Vorbei treibt es mich an bekannte wie auch fremde Gassen, Häuser und Straßen.
Keine Seele konnte ich jemals auf meinen nächtlichen Gängen erblicken, zumindest nicht hier draußen bei mir.
In den Fenstern mir fremder Mauern kann ich erblicken ... Silhouetten verschiedenster Form und Gestalt.
Situationen des Alltags, welche nur die Nacht aus dem Menschen herauslocken kann.
Nächtlich dieselben Formen, dieselben Taten, dieselben Gestalten.
Häufig verliere ich mich in Gedanken und Emotionen, welche mir des Tages Freude bereiten, mir des Nachts aber Schleier über die Sinne legen.
Freude und Trauer, nicht mehr klar zu unterscheiden.
Der Blick geht hinaus, in die Ferne, soweit mein Auge noch reicht.
Klare Formen vermischen sich, im Einklang, liebkosend mit der Natur.

Der Dorfteich und das Licht der Sterne werden eins, Himmel und Erde verschmolzen; Eine melancholische Stimmung, welche mir mein Hirn zusammenbraut.
Wie das Klingen einer sanften Melodie, welche sich mit meinen Gedanken an vergangene Tage und Nächte vereint.
Die Gedanken werden haltlos, verschmelzen ständig, untrennbar in Verlust, Wehmut, Reue und der Vernunft.
Meine Beine tragen mich weiter, in Richtung des Lichtes, welches mich noch immer anzieht und mich noch immer antreibt.
Ich pausiere, wie jede Nacht, am selben Ort. Dort, wo Anziehungskraft am stärksten ist, mein Blick verschwommen, meine Gedanken ungeordnet.
Verweilen will ich hier, so wie jede Nacht, bis die Sonne die Dunkelheit auflöst, mich behütet und durch Licht ablöst.
Zurück in mein Heim treibt sie mich, allein mit dem Gedanken, mein Ziel zu erreichen, die Nacht zu erwarten und das Licht zu sehen.
Zu ihm zu wandeln, voll Erwartung, was sich dort verbirgt.
So klar, doch verborgen ... Wie in jeder Nacht.

Winter

Wandelnd durch die Nacht
Der Himmel schwarz und kalt
Kein Sternlein zeigt mir seine Pracht
Nur im Hause brennt noch Licht
Dort liegen sie zu zweit
Bedenkend nicht, der Vergangenheit
Sie sieht mich an, mit einem Blick
Als leb´ ich nicht mehr
Viele Winter sind Vergangenheit
Sehr oft hat es nach uns geschneit
Der Winter naht
Und ich bin nicht bereit

Ihr Blick kalt und regungslos
Fremdes Glück packt ihren Schoß
Umgarnt sie lieblich fein
Wie gern wollt ich an seiner Stelle sein
Doch die Kälte holt mich ein
Und wieder fängt es an zu schnei´n

Glück und Leid, dies Nacht geboren
Das Leben hat mich fest gefroren
Sie tritt dicht an das Fenster ran
Und ich mich nicht entfernen kann
Im Hause herrscht nun Dunkelheit
Und um mich herum
Macht sich nur die Kälte breit

Viele Winter sind Vergangenheit
Sehr oft hat es nach uns geschneit
Der Winter naht
Und ich bin nicht bereit
So steh´ ich noch, an ihrem Fenster
Und warte auf die Frühlingszeit
Doch die Zeit steht still
Und der Winter macht sich breit

Konsequenz

Alleingelassen in einer Welt
Verlassen vom tieferen Sinn
Ich steh´ unsicher und dreh mich, im Antlitz ihrer
Flehend, nicht zu vergeuden meine Zeit
Bis dass der Tod mich zerreißt
Mark und Bein vom Fleisch befreit
Vom Fleisch, das die Perfektion in Imperfektion schafft
Bitten, derzeit noch mir erlaubt
Bis mir das Leben alle Sinne raubt

Wachtraum

Ich bin wach, doch schlafe ich
Meine Arme spür´ ich nicht
Kein Glied an mir, das sich erregt
Kein Muskel mehr, der sich bewegt
Im Zimmer ja, da dunkelt´s noch
Der Mond wird mir zum schwarzen Loch
Schreien will ich, so laut ich kann
Denn vor mir steht der Butzemann

Kein Ton aus meiner Kehle springt
Die Angst, welch mich zur Stille zwingt
Die Augen schließ´ ich wie im Traum
Will nicht sehen, was ist im Raum
Der Butzemann zu mir spricht
Schließe deine Augen nicht
Gib sie lieber her zu mir
Dies Lasst nehme gern ich dir

Ich spür´ die Finger in meinem Gesicht
Sie tasten sich zu starren Augen
Er will sie sich mir entrauben
„Meine Augen holst du nicht"

Er reißt sie raus, ich schlafe ein
Ich wache auf und bin allein
Im Schutz der Sonn´ erlöst von Qual
Doch zur Nacht beginnt´s nochmal

Zu süß der Traum und schön die Nacht
Wenn der Mond über euch erwacht
Im Schlaf da könnt ihr sicher sein
So seid ihr niemals ganz allein

In meinem Kopf

Wieder bin ich allein Zuhaus
Die Eltern fort, sind beide aus
Ja, bin ich ganz alleine hier
Und wieder spricht er zu mir
Er macht mir Angst, er will mich quälen
Der Mann in meinem Kopf

Er tut mir weh
Er schändet mich
Wischt mir die Tränen
Vom Gesicht
Niemand glaubt mir hier
Er ist direkt bei mir
Der Vater aller Sünden
Steckt in meinem Kopf

Ich nehm´ mir Vaters Feuerzeug
Spüre wieder diesen Drang
Und zünde unser Häuslein an
Alles brennt so lichterloh
Und mein Schädelfreund
So leidlich froh

Er will alles Brennen sehen
Es nützt kein Klagen
Es nützt kein Flehen
Die Erde soll in Flammen stehen
Und in Asche untergehen

Bleibt es doch, ein klarer Traum
Ein Traum, der nach Erkenntnis sucht
Bis er mich zum nächsten ruft

Bis dass das Messer schweigt

Die Klinge wetzt am kalt Gestein
Wie gern liegt sie nah bei dir
Das Messer möchte bei dir sein
Verbringt die Zeit im Jetzt und hier

Das Messer schweigt, die Klinge Stumpf
Verbracht die Nacht in Innerei´n
Getrocknet, brach der alte Sumpf
Bringt hervor das kalt Gebein

Verbringt die Nacht an jenem Ort
An welchem wächst die Zeit
Wo Hoffnung stirbt. Nur der Sinn welch bleibt
Bis dass das Messer schweigt

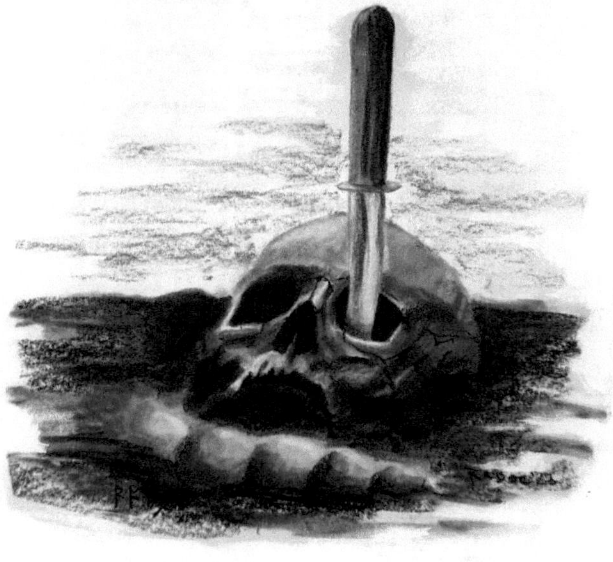

Am Grabe

Dort am Grabe traf ich sie ...
Abgemagert und zerzaust
Nahm sie mit zu mir nach Haus
Kleidete sie schick, wusch sie rein
Ging mit ihr tagtäglich aus
Die Liebe war mir neu, ihr nicht
Kalter Körper, verlassener Geist, warmes Herz
Allein ließ sie mich, ihm zum Sinn
... Und dort am Grabe traf ich sie

Weiße Frau

Vor einem Jahr verstarb sie mir
Verlassen wurd ich nie von ihr
Ich spüre es, sie ist mir nah
Und birgt mir keinerlei Gefahr

Sie sieht mir zu bei jedem Schritt
Immer zu, sie mir nachtritt
Ich spür´ es immer dann und wann
Ich ohne sie nicht schlafen kann

Keiner hier ja glaubt mir nicht
Es sahen alle ihr Gesicht
Am Friedhofstor sah man sie steh´n
Will nicht allein zur Ruhe geh´n

Bis heute, ja, da weiß ich nicht
Was Zukunft mir denn noch verspricht
Die Zeit ist nah, ich bin bereit
Leidlich ist´s die Einsamkeit

Muttertag

Die erste Liebe gab mir der Muttermund
Die Enge, die Stille, der zarte Raum
Fest umschlungen, auch später noch von ihren Armen
Die Arme doch, wurden mir mit Alter leid
Und suchend war ich nach neuer Zweisamkeit
Verblieb ich doch in der Einsamkeit, dem Zwiespalt
Suchte lieb dort, wo ich gewohnt
Die Liebe, welche ich gewohnt
Und so blieb mir nur der Muttermund

Augen im Verstand

Wende ab die Augen
Welche am Blute saugen
Fressen aus den Händen
Welche lebten im Moorrast
Der Schatten hat sich dir gebeugt
Den Feind hast du selbst gezeugt

Nähre ihn
Zieh ihn auf
Lasse dich
Von ihm leiten

Wie lang schon wanderst du
Im Schatten deiner selbst
Wo tausend Augen warten
Im Verstand des Nichts
Täglich gebärst du
Dich selbst und nichts

Im Todesmahl
Wirst du leben
Wirf sie ab
Die alte Haut

Willen

Bis zu jenem Moment war mir klar, dass ich will
Bis sich die Wolken lichteten und ich erkannte
Ich will nicht wollen müssen

Der Alte

Im Walde da lebte fern
Doch weit von uns ja nicht
Im Dickicht, welch´s erreicht kein Stern
Und auch kein nahes oder fremdes Licht
Ein klappriges Gebein
Lebt dort immer schon allein
Niemand kennt ihn, den Namen dies´ fremden Wesens
Dies fremden Geistes
Dessen Leben niemals jemand bei gewesen

Einmal im Jahr dringt der fremde Greis
Ein in unser´n Ort, unser Heim
Spricht niemals, nein, verhält sich stumm
Schaut sich stets zum Dorfquell´ um
Blickt hinein in stilles Wasser und dies für Stund´
Blickt hinein in klares Wasser
Geschlossen Augen und Mund
Die Zeit vergeht, der Greise sich erhebt
Geht zurück in seinen Forst
Beobachtet vom ganzen Horst

Das Jahr zieht vorbei, wie gewohnt
Der Schützling, blickend auf den Turme thront
Ausschau haltend, dem Blick zum Wald
Erwartet wird er, er kommt bald
Mit zerschlissenem Hut und kurzem Schritt
Aus dem kalten Dunkel tritt
Bewegt er sich der Quelle zu
Doch lässt´s dem Burschen keine Ruh
Spricht er ihn an und fleht dem Mann
Zu sprechen die Geheimnisse, die in ihm wohnen.
Zu sprechen die Geheimnisse, die ihm wohl gestohlen
Der Geist blickt ihn an, voll Trauer das Gesicht
Ein Wort doch entrinnt ihm nicht
Dreht sich um, kehrt allein
Festen Schrittes in den Wald hinein

Das Jahr vergeht doch nicht der Sinn
Welcher dem Buben so wichtig schien
Das neue Jahr es bricht herein
Und pünktlich da, so soll es sein
Der alte Mann schleift sich fort
Heran an altbekannten Ort
Setzt sich zu dem alten Quell

Da kommt herbei der Bub, ganz schnell
Setzt sich nah zum stummen Mann
Der zeigt ihm ruhig und zeigt ihm an
Zu blicken den Quell und auch nur dann
Wenn das Wasser ist, so glatt und rein
Als könnt kein anderes dies jemals sein
Der Junge spricht verwundert auf
„Ich blick´ mein Gesicht, doch sonst worauf?"
„Die Augen dort, wo Wahrheit liegt
Die Zunge stets, diese bekriegt
Auf ewig vereint, in einem Gesicht!"
So der Alte Spricht
„Lass sie kämpfen, das ganze Jahr.
Doch sieh den Ursprung dann auch genauso klar!"

Abschnitt II
-Die Gesellschaft-

Leben II

Wir gehen ein Leben lang arbeiten, um Luxus zu erhalten,
für welchen wir im Alter keine Zeit mehr haben.

Blühend/Lebend

Sinnhaft lässt der Strunk den Gruß
Welcher sich eben noch zu dem erhob
Die Grube tief, die Pflanze bohrt
Sicherheit an fremdem Ort
Sicherheit, die Ideologie
Trachtend der Egomanie

Der Glanz der Natur legt sich
Auf das Schilf, am Ort des Strunks
Aus Fäulnis da, er regt sich
Kalt Ader lässt den Sonnenschein
Wandelnd in die Erde hinein
Und was bleibt, der Tag

Der Strunk er grüßt den Sonnenschein
Lebend in den Tag hinein
Stehend still, tot doch nicht
Erhellend ihm das letzte Licht
Sei der Tag auch noch so grau

In Falten, Gewürm
Im Blute der Keim
Im Leben, der Tod
Durch Tod, blüht Leben

Im Innern einer Frau

Das blaue Kleid

Freude lachend im Sonnenschein
Spielt das junge Mädelein
In ihrem blauen Kleid
Ist befreit von Raum und Zeit
War sie noch an bekanntem Ort
So ist sie plötzlich nicht mehr dort

Geblieben ist ihm nur das Kleid
Und keine Spur vom jungen Leib
Verbleibend in der Einsamkeit
Und eine Spur von Endlichkeit
Weiß man nicht, ob sie noch lebt
Ob die Zeit, sie noch erträgt

Woche um Woche
Monat um Monat
Jahr um Jahr
Doch das Kind ist nicht mehr da
Gesucht wurde sie schon meilenweit
Doch bleibt ihm nur das blaue Kleid

Der Spielzeugmacher

Spielzeugmacher, mein Beruf
Zu leben begann, was ich erschuf
Weiches Holz und hartes Eisen
Ließ die kleinen Mädchen reisen
Unbekümmert und ganz weich
In ein fremdes Prinzenreich
Lachend, froh aus Kindermund
Tat mir ihre Freude kund

Mit Knab´ mein Werk sich auch Verband
So schuf ich ihn aus Zauberhand
Aus altem Blei und gutem Zinn
Baut ich ihm Soldaten hin
Unbedacht und voller Leben
Hoffend in die Zukunft streben
Ein Zinnsoldat in Reih und Glied
(Nicht) ahnend, was ihm nun geschieht
Der Zinnsoldat zum Tot bereit
Und die Wut im Kinde schreit
Den Blick voll Kummer zum Boden hin
Seh ich den Buben schon aus Zinn

Weiße Rose

Eine weiße Rose
Auf einem Feld erblüht
Allein steht sie da
Ohne Schutz vor der Gefahr
Erreichbar für jeden Mann
Und sie sich nicht wehren kann

Unbefleckt und rein
Weit und breit
Blüht die weiße Rose ganz allein
Und nicht zum Pflücken bereit

Hilflos, schutzlos steht sie da
Ahnend nicht, der Gefahr
Ein Knabe schnellt vorbei
Trennt die Ros´ von Erd´ entzwei
Ist sie nicht mehr unbefleckt
Und liegt sterbend, allein im Dreck

Von der Sonne gewellt
Der kalten Nacht gequält
Ein Licht, das erhellt
Wird sie doch neu eingegraben
Doch keiner möchte sie mehr haben

Befleckt und unrein
Blüht die weiße Rose im Dasein
Und zum Pflücken bereit
Keiner erscheint, um sie zu holen
Ihre Wurzeln längst gestohlen
Welkend, sterbend, allein
Modernd wie Laub
Im Moraste hinein.

Maschinen Satan

Maschinen Satan aufgewacht
Vorbei erneut die kurze Nacht
Totes Leben aufgebracht
Sieh den Mensch die Sklavenpracht

Maschinen, Mutter und Getriebe
Quälend ohne Peitschenhiebe
Keine Zeit für Nächstenliebe
Keine Zeit für niedere Triebe

Klingelnd stets das Telefon
Harte Arbeit, Hungerlohn
Zwölf schon ist, der Hurensohn
Schwarze Erde, goldener Thron

Für den Tod ist keine Zeit
Allzeit nur dem Dienst bereit
Arbeitslos von Gott befreit
Wirtschaftswunder ewig bleibt

Und ist die Kundschaft nicht bereit
Das Leben gar vom Sinn befreit
Maschinen Satan weckt den Streit
Und der Kriegsgott wieder schreit

Das Leben stürzt

Der Adler stürzt sich vom Horst herab
Stürzt sich, nicht seines Daseins bewusst
Auf sein fernes Ziele ab

Der Falke stürzt sich vom Himmel herab
Sich dem Leben nicht bewusst
Zerrt die Beute in ihr Grab

Der Mensch stürzt sich vom Turm herab
Sich seiner Dummheit nicht bewusst
Hinein in den eigenen Sarg

Mann im Mond

Der Mann im Mond schenkt mir ein Lächeln
Ich schaue finster drein
Der Mann im Mond schenkt mir sein Lachen
Ich lasse mich nicht ein
Der Mann im Mond schenkt mir die Nacht
Ich wünsche mir den Tag
Die Sonne scheint, der Tag erwacht
Es ist so kalt im Sarg

Perilaos Fluch

Im Innern der Tod, die Hoffnung verdarb
Als dort im Leibe das Herz verstarb
Endlos ein Geiste, das Leben gequält
Endlich der Glaube, die Hülle zerfällt

Edel das Tier, anmutig und rein
Schwanger, das Fleisch
Blut´ges Gebein
Sich windend der Fötus
Im fremden Revier
Gefressen, verschluckt vom bronzenen Stier

Dringend aus dem Leib
Fremdes Klagen im Maul des Taurus
Abscheulich dies Lied
Dem Einzelnen ein Liebesspiel

So lieblich und rein
Unnahbar und schön
Erhellt es die Nacht ...
... Sein Schreien

Füttert ihn mit tiefer Qual
Stopft das Maul mit endlos Hass
Lasst ihn leiden im eigenen Sud
Lass sie glühen, die bronzene Brut

Was ist, was bleibt von dir
Die Taten, die Schande, die Schuld
Das Fleisch, das Blut, geläutert
Auf ewig gefangen, die Sinne gebannt

Zu töten, das sterben muss
Diener des Thanatos
Halb Mensch, halb Tier
Der phalerische Stier

Sterben

Starre, leere Augen blicken in das kalte Licht der rauschenden Neonröhren.
Keines Blickes würdigen sie mich, noch die Einrichtung.
Liebevoll dekoriert mit Fotos der Enkelkinder, höchstens zwei Jahre alt.
Dazu, die Kinder zu sehen, selbst glücklich im Leben stehend. Lachend. Gesund.
Hier im Raum durch dieses Portal bildgewaltig.
Aber doch nicht hier. Und vielleicht nicht in der letzten Stunde. Gewollt oder auch nicht.

Ich spüre die warme Hand, welche ihr eigenes Gesicht sucht.
Den Mund abzuwischen, welchem ich gerade noch die Nahrung gereicht.
Liebevoll angerichtet. Frisches Gemüse, Püree und Fleisch, welches er doch gern aß.
Der Körper gesund, volles graues Haar, die Brille sitzt und im Gesicht gepflegt.
Der Geist, schwach, lässt die Rippen hervorstehen, aus seiner dürren Brust.
Dem dürren Bauch, welcher sonst gut genährt gewesen.
Seit einer Woche schon kaum noch Nahrung, die der Mensch aufnahm.

Ist der Geist denn wirklich so schwach, weil er den Tod als Ziel schätzt?
Oder zeugt es von Stärke, mit seinem langen Leben abschließen zu können?
Ist es eine Stärke, den Bereich betreten zu wollen, in welchen alle Menschen früher oder später gelangen werden, wohl nie mehr zurückkommen und auf ewig bleiben?

Abschnitt III
-Der Konflikt-

Leben III

Morgen zeigt sich auch ein neuer Tag.
Sagte er am Abend, bevor er verstarb.

Steinkreis

Sie treiben das Fleisch schon seit Tagen
Bereit es noch weiter zu jagen
Wollen es tot am Boden sehen
Soll vorher noch um Gnade flehen
Im Garten schon den Platz geschaffen
Greifend zu den Ritus-Waffen

Es legend in den Kreis aus Stein
Wartend auf das Ende sein
Erscheinend dort, der alte Greis
Der das Fleisch vom Knochen reißt

Dort, wo man ihm das Fleisch entriss
Der Liebe Hass, am nächsten bist
Der Hassliebe, dich zerfrisst
Bis das Leiden wirklich ist

Prometheus

Im Berg hoch oben thront
Ein alter Greis
Alleine und verweist
Ewiglich das Land
Schon nicht mehr gesehen
Unter dem Himmelszelt

Die Orte, die ihn früh belebt
Die Heimat, die in seinem Sinn
Ihm zu Unrecht auferlegt
Zu bleiben, bis sich erfüllt

Am Berge hält ihn grad noch so
Die Kette, die ihm angelegt
Am Leben hält ihm ewiglich
Die Schulden, die ihm auferlegt

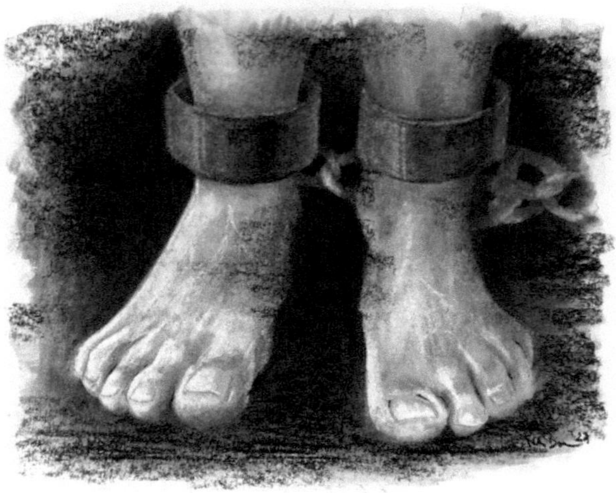

Ikarus

Der Mensch gehört nicht in die Luft
So denn, der Herr im Himmel ruft
Den Blick zum Himmel fragst du dann
Warum der Mensch sich nicht ertragen kann

Fortschritt

Eine Explosion
Kraftwerk in Flammen
Sieh nur, wie es brennt
Wie loses Fleisch vorm Leben rennt
In der Flammennacht
Und sieh nur, es ist vollbracht
Feuerschein gen Himmelzelt
Und die Welt, sie ist erhellt

Ein Leck, ein Schrei, ein totes Heer
Und die Welt existiert nicht mehr
Der Tod genießt die frische Luft
Und er kriecht aus seiner Gruft
Des Fleisches Drang kommt übers Meer
Doch Gottes Schein existiert nicht mehr
Der Tod hat sich regeneriert
Und ist zum Menschen aufmarschiert

Todesschrei über Welten zieht
Ein Lebender nur noch flieht
Abgemagert, abgeschunden
Tod hat sich überwunden
Ohne Sinn und ohne Stand
Hat er den Menschen überrannt
Todesfee über Erden kreist
Und ihr Kind den Mensch verspeist

Willenlos und ohne Liebe
Gesteuert gar durch lose Triebe
Fressen und gefressen werden
Jeder muss doch einmal sterben
Auch der Mensch, der ist nicht groß
Ist er seine Erde los
Gefressen von eigen Gier
Gefressen vom Menschentier

1914

Sieh doch nur die Welt
Ist wie ein Feuerball
Wartend auf den großen Knall
Vom Krieg besessen jeder Tag
Gottes Glauben längst verdarb
Er im roten Schnee erlag

Das Jahr geprägt von Tod und Leid
Das Jahr geprägt von Kraft und Stolz
Keine Zeit für Traurigkeit
Millionenfach dahingerafft
Kein Entkommen der Wirklichkeit

Doch ...

Ein Zeichen, das den Krieg durchdringt
Ein Leuchten, das nach Hoffnung ringt
Der Freudequell am Weihnachtstag
Der Tag, als kein Soldat verstarb

Keine Mutter beweint dies Zeit
Als die Welt vom Krieg befreit
Keine Frau beweint dies Zeit
Als der Mann vom Krieg befreit
Jeder Mann genoss dies Zeit
Als er selbst vom Dienst befreit

Jeder doch verflucht die Zeit
Als das Kommando erneut
Zum Krieg bereit

Die Strophen Stalingrads

Fernab meinem Heimatort
Zogen wir mit Jubel fort
Fernab dem Herrn zu dienen
Für Gotteswillen unsere Männer fielen
Täglich tritt der Tod hinein
Ich könnte schon der Nächste sein

Was hat mich in diese Hölle entsandt
Ein Kind gehört ins Heimatland

Eine Bombe schlägt neben mir Scherben
Lässt Kameraden blutig sterben
Ich bet´ für einen schnellen Tod
Doch Satan meint es mit mir gut

Ich erinner´ mich an Vaters Gruß
Wusst er, dass ich sterben muss
Satan hat uns auserkoren
Gott hat sich um uns verschworen
Stalingrad, mein neues Heim
Im Eise wird mein Ende sein

Bomben hageln auf uns ein
Die Männer fangen an zu schrei´n
Ich kann nichts tun, ich kann nur beten
Durch verbrannte Asche treten
Ich stürme vor, ich packe Mut
Hab nichts zu verlier´n, bin eh schon Tod

Roter Schnee auf allen Straßen
Wo vorher Frau und Kinder saßen
Tief hinein ins Feindesland
Und der Sinn der Schlacht verschwand

Stalingrad
Massengrab
Täglich nur noch neues Leid
Bis die Stadt vom Tod befreit

Stalingrad
Weißer Sarg
Verdeckt im Schnee das alte Leid
Bis die Stadt vom Eis befreit

Als der Himmel Bomben geweint

Der Horizont am Bluten
Das Leiden ungezählt
Fleisch und Haut
Sehnen und Knorpel
Vom Knochen geschält

Des Nachts, als der Tod vom Himmel trat
Und die Erde ward zum Grab
Tier und Land
Mensch und Glauben
Verbrannt im eigenen Sarg

Das Heulen neckt den tiefsten Sinn
Erzeugt die Lust am Gewinn
Das Heulen weckt der Freude Gier
Der Mensch im Innern nur
Ein neid´ges Tier

Gib mir einen Grund

Gib mir einen Grund zum lachen
Denn bei dir, da muss ich weinen

Gib mir einen Grund, zu lieben
Denn bei dir, da muss ich hassen

Gib mir einen Grund zu beten
Denn bei dir bin ich verflucht

Gib mir einen Grund zur Arbeit
Denn ja, du nimmst mir den Lohn

Gib mir einen Grund zu existieren
Denn du wirst mich ausradieren

Gib mir einen Grund zum Krieg
Erhältst du letztlich doch den Sieg

Gib mir einen Grund, zu lieben
In einer Welt geprägt von Leid

Gib mir einen Grund zum lachen
In einer Welt aus Schutt und Asche

Als totes Fleisch über die Erde blutete

Als im Sommer das Blattlaub fiel
Und die Bäume sich schälten
Drang hinein das Licht der Welt
Und ein Zeitalter endete
In welchem nur der Mond erschien
Und der Schatten um die Sonne weinte

Es blieb mehr als Tausend Jahr
Und drang in die Tiefe des Seins
Nichts mehr blieb, als Gewürm
Welches über die kranke Erde wandelte
Mit ihnen starb der Sinn
Und die Erde vergaß zu sein

Bis sich der Schatten legte
Und mit Angst allein
Das Sein des Geschälten flutete
Der Schein riss mit sich alles
Was ihm im Wege war
Und das Gewürm verbrannt in Erden
In welchem es sich sicher fühlte
Schälte sich erneut

Um zu sein, was herrscht
Und immer noch ist
Nur der Tod dieser Geißel
Bringt uns allein den Segen
Und endlich die Ruhe im Sein

Zyklus

Verwelkend, das Grün
Welches sich im Grau aufhielt
Zeigt verbittert sich, die Natur
Die Natur aus Un - und Sinn

Verwelkend, das Blatt
Welch´s vom Tau berührt
Untrennbar dies Band
Und zum Trotz von Hel´ verbrannt

Konstant nur´s Gestirn
Zeitlich begrenzt, doch sicher
Sicher´s erscheinen
Sicher´s bleiben
Konstant nur dies Treiben

Sterne verglüh´n
Sicher, das Scheiden
Sicher, wie´s leben
Und das jährlich Grün

Inhaltsverzeichnis

Abschnitt I - Das Ich

Abschnitt II - Die Gesellschaft

Abschnitt III – Der Konflikt

Danksagung

Danksagungen halte ich in der Regel für mehr als überflüssig, bin ich doch der Meinung, dass diese überwiegend nur purer Kitsch und niemandem dienlich sind.
Da den angesprochenen Personen ihre Anerkennung meist schon hunderte Male von Angesicht zu Angesicht übermittelt wurde.
Selbiges wohl auch in diesem Fall, obwohl ich der Meinung bin, dass die angesprochene Person wohl auch mit Tausend Danksagungen noch nicht den Dank erhält, der ihr gebührt.

Impressum

2.Auflage September 2024

Illustrationen: Ramona Boehme
Covergestaltung: Sarah Müller
Autorenfoto: Joelle Drygala
Lektorat: Anne Rehork/Tobias Gräubig
E-Mail des Autors: gutsche.leon@web.de
E-Mail der Illustratorin: rb@raboe.art
Druck und Bindung: Selbstpublikation über © Bookmundo

ISBN 9789464852547